GUÍA DE LECTURA

Escrita por Natalia Torres Behar

La luz difícil

de Tomás González

Resumen
Express.com
GUÍA DE LECTURA
Cincuenta
sombras
de Grey
de E. L. James

TOMÁS GONZÁLEZ

PROSA PURA Y DE INALCANZABLE BELLEZA

- **Nacido en 1950 en Medellín (Colombia)**
- **Premios literarios:**
  - V Premio Nacional de Novela Plaza y Janés (1987)
- **Algunas de sus obras:**
  - *Primero estaba el mar* (1983), novela
  - *La historia de Horacio* (2000), novela
  - *Abraham entre bandidos* (2010), novela
  - *El expreso del sol* (2016), cuentos

Tomás González nació en Medellín en 1950, y es el penúltimo de ocho hermanos. González es sobrino del filósofo y abogado Fernando González, con quien tuvo una relación cercana, pues las fincas en las que vivían ambas familias eran vecinas. La manera como su tío interactuaba con los vecinos, con los mayordomos y con las demás personas que le ayudaban en la finca, así como la forma en la que trataba a los animales de la misma, hizo que pronto Fernando se convirtiera en un modelo a seguir para Tomás, tanto que uno de los personajes de *La historia de Horacio* está basado en él. Tomás aprendió de su tío a mirar el mundo con sus propios ojos.

Los padres de González eran grandes lectores; al padre le gustaban los escritores rusos del siglo XIX como Dostoyevski y, a la madre, los libros de Julio Verne, Emilio Salgari y todos los de aventuras, que leía con su hijo.

González viajó a Bogotá para estudiar Filosofía en la Universidad Nacional de Colombia, donde cursó hasta el cuarto semestre, pues estaba decidido a conocer Europa y se retiró de la universidad para cumplir ese sueño . Estuvo allí un año y medio y regresó a Colombia porque le dio tristeza, Europa le pareció un continente viejo y apenado. En esa época de su vida no sabía cuál era su norte, trabajaba de barman y escribía la que sería su primera novela, *Primero estaba el mar*, basada en el asesinato de su hermano Juan, en el Urabá antioqueño. En 1983 González se fue a vivir a Nueva York con su esposa y su hijo, en donde pudo, finalmente, dedicarse a la escritura. En 2002, sin embargo, debido a la enfermedad de su esposa, la familia se vio obligada a volver a Colombia, lo cual el escritor consideró oportuno.

Aunque González lleva más de cuarenta años dedicado a la escritura, su reconocimiento literario se inició hace muy poco, sobre todo con la publicación de su novela *La luz difícil*, que fue bien recibida por la crítica y reseñada como una novela pura y de inalcanzable belleza, a pesar del dolor. Sin embargo, González nunca ha sido muy amante de la fama; considera que los escritores no deberían tratar de ser estrellas mediáticas para atraer a los lectores hacia sus libros o para hacer creer que lo que escriben es bueno.

en Envigado y la otra, que era una hacienda cafetera que pertenecía a su abuela, en Risaralda. Además, las vacaciones las pasaba en una casa de pescadores que su padre había comprado en Tolú. Hoy en día González dice que le gusta vivir en Cachipay, donde escribe feliz, y que si le tocara de nuevo vivir en una ciudad, preferiría que fuera otra vez Nueva York antes que Bogotá o Medellín.

LA LUZ DIFÍCIL

EL PULSO ENTRE LA VIDA Y LA MUERTE

- **Género:** novela
- **Edición de referencia:** González, Tomás. 2011. *La luz difícil*. Bogotá: Alfaguara.
- **Primera edición**: 2011
- **Temáticas:** dolor y redención, arte, acepciones de la luz

David es un viejo pintor que está perdiendo la vista y que escribe porque su enfermedad ya no le permite pintar. El mundo a su alrededor se está volviendo borroso y pronto se quedará ciego. Describe desde su presente, en el año 2018, cómo a la fuerza se está convirtiendo en escritor, para de alguna manera atrapar el dolor de lo sucedido hace dieciocho años, cuando su hijo Jacobo decidió viajar a Portland para recibir la eutanasia.

La luz difícil es un juego entre pasado y presente en el que David reconstruye sus años en Nueva York, cómo se fue consolidando su fama como prolífico pintor y, en especial, los momentos junto a su familia, mientras Jacobo se dirige a la muerte. La novela es una suerte de redención del dolor en el que el paso del tiempo amortigua el sentimiento y le da un nuevo significado.

Como hemos mencionado y como estudiaremos más adelante, *La luz difícil* es una novela que se desarrolla entre el pasado y el presente. David, el protagonista y narrador, ya anciano, nos cuenta su día a día en La Mesa (Colombia), y cómo destina sus días a escribir sus memorias. La novela se centra sobre todo en el proceso de escritura sobre la muerte de su hijo mayor, Jacobo, dieciocho años atrás, y en las horas previas a su muerte. Por esta razón iremos del presente al pasado para entender, a grandes rasgos, los acontecimientos que narra David, en un intento por capturar la experiencia vivida y los sentimientos que aún generan en él.

LA MESA DE JUAN DÍAZ, AÑO 2018

David es un pintor viejo que vive en una casa de las afueras de La Mesa, un pueblo cerca de Bogotá. Su esposa, Sara, murió hace dos años de un problema cardíaco. Por las mañanas Ángela, una mujer de cuarenta y cinco años, arregla la casa y le prepara la comida. David está relativamente sano, está lúcido y su memoria no le falla, sin embargo, se está quedando ciego. Los días de David transcurren tranquilos en casa; le gusta estar fuera del ojo público, aunque a veces recibe llamadas de personas interesadas en entrevistarlo para conocer más acerca de su obra.

Una cosa lo mantiene ocupado: la escritura de sus memorias, las cuales escribe con la ayuda de una lupa, pues no logra ver las palabras, a pesar de que escribe grande y con una tinta color mora que él mismo prepara. Las páginas que va escribiendo las enumera y las echa en una caja de detergente que tiene al lado de escritorio. Como tiene la letra grande llena muchas hojas y, cuando no le caben más en la caja, Ángela las organiza por número de página y las pone en una mesa muy extensa que el pintor antes usaba para sus trabajos de pintura y grabado. Hasta el momento, David lleva treinta y cinco pilas de manuscritos escritas; en ellas registra sus años de juventud con Sara: los primeros cinco, felices y conflictivos. Por esos días, David se concentraba en pintar, aunque le pagaran cualquier cosa por su obra, y a Sara le tocaba encargarse sola de los niños. Ahora, David ha comenzado a escribir las páginas referentes a la muerte de Jacobo, su primogénito. La escritura de estas páginas, los recuerdos que cobran vida, se mezclan con el día a día de David.

NUEVA YORK, AÑO 2000

Una vez entramos en el plano del recuerdo llegamos a la penúltima noche de Jacobo en el mundo. David intenta dormir sin éxito. A su lado, Sara tampoco logra dormir. Se levanta a las siete de la mañana con una punzada de angustia en el vientre. Esperan la llamada de sus hijos. Su primogénito, Jacobo, ha decidido recibir la eutanasia.

De hecho, vamos más atrás: David nos cuenta cosas sobre su familia, compuesta por Sara, él y tres chicos: Jacobo, Pablo y Arturo. Llegan a Nueva York en 1986, después de haber vivido tres años en Miami. A pesar de que al principio David no logra adaptarse a la gran ciudad, pronto encuentran el apartamento que se convertirá en su hogar; es caro y está destartalado, pero cuenta con la suficiente luz y con el espacio para que David pueda trabajar sin ser molestado por los chicos. Pasan dos años y por esos días la familia vive tranquila; David entra en una etapa de abundancia artística, pinta mejor que nunca y la intensidad es tal que a veces hasta se olvida de fumar o de tomar café. Por su parte, Sara trabaja de consejera en un hospital, Jacobo comienza a estudiar Medicina en NYU (la Universidad de Nueva York) y Pablo y Arturo van a las escuelas que más se acomodan a sus intereses y personalidad. Justo en ese momento, la vida de la familia da un vuelco: una camioneta conducida por un borracho se estrella contra el taxi en el que va Jacobo y el chico queda parapléjico.

La vida de la familia cambia radicalmente. Adaptan el apartamento para que Jacobo pueda moverse y ejercitarse con la esperanza de volver a caminar. Sin embargo, lo peor no es que ese objetivo no se logre, a pesar del esfuerzo del chico, sino que, con el paso del tiempo, Jacobo comienza a sentir dolor en las piernas y en el tronco y ese dolor va en aumento hasta hacerse insoportable. Es entonces cuando Jacobo toma la decisión de viajar a Portland con su hermano, Pablo, para morir. El resto de la familia debe quedarse en Nueva York para no llamar mucho la atención porque, como no son residentes de Oregón y Jacobo no tiene derecho a ese tipo de asistencia médica, estaría actuando fuera de la ley, al igual que su hermano. Los demás, por lo tanto, no pueden ir con ellos y no deben contarle nada a nadie hasta que sea el momento de reencontrarse con Pablo en Portland para reclamar el cuerpo de Jacobo.

Desde que salen, David y Sara están en constante comunicación con los muchachos. Los chicos ya están en Portland y esperan al médico. Primero, conducen de Nueva York a Chicago, en dos días, por las carreteras menores para cruzar por las fincas lecheras y los maizales y para ver los lagos, al mismo tiempo que escuchan Led Zeppelin y AC/DC. Cuando Jacobo se cansa, Pablo lo lleva a la parte trasera de la furgoneta, donde han instalado una camilla, le hace un masaje de cuarenta minutos o una hora, lo deja dormir y siguen su camino. Luego toman un vuelo desde Chicago que los llevará a la ciudad donde se reunirán con el médico que realizará el procedimiento.

El tiempo se convierte para la familia en una rueda que pasa por encima de ellos. La espera es insoportable y todos en casa tratan de llevarla lo mejor posible: Sara, Debrah y James, Arturo, Venus y el mismo David, que soporta las horas en su cuarto, en el ir y venir por su apartamento, en las conversaciones y silencios con sus familiares, en los paseos por la ciudad, en la pintura y en el recuerdo de tiempos más felices. Así transcurre la novela hasta que la familia recibe la llamada de Pablo en la que les comunica la muerte de su hermano.

¿Sabía que...?

La idea original de Tomás González al escribir *La luz difícil* era escribir sobre la vejez. Al escritor le interesaba imaginarse cómo iba a ser la suya. Sin embargo, no encontraba por dónde abordar esta historia y a esto se juntó la experiencia de la enfermedad de su exesposa,

Dora, a quien dedicó esta novela. En *La luz difícil* se materializó el dolor que siente una persona al acompañar a otra que tiene una enfermedad terminal.

ESTUDIO DE LOS PERSONAJES

Para una mayor claridad y comprensión del lector, es importante decir que los personajes de esta novela se pueden dividir en dos grupos: los del pasado y los del presente. Los primeros, que constituyen la mayoría, forman parte de la vida en Nueva York y, los segundos, de la vida en La Mesa.

DAVID

David es el protagonista y narrador de *La luz difícil*. Es un pintor retirado de setenta y ocho años que escribe las memorias de su vida en una casa en un pequeño pueblo de Colombia. A pesar de su edad, David se conserva relativamente sano. Mentalmente se siente lúcido, pero físicamente está un poco más deteriorado. Sufre de mala circulación en las piernas y de una enfermedad que es la causa de que haya abandonado la pintura: degeneración macular. Aunque son raros los casos en los que se produce ceguera total con esta enfermedad, la vista de David se está deteriorando rápidamente y pronto se quedará ciego. Por esta razón decide que la mejor manera de aprovechar esos últimos instantes de nitidez es mediante la escritura de sus memorias, centrándose particularmente en la muerte de su hijo Jacobo y en la relación con su esposa, Sara, que murió dos años atrás. De alguna manera, al escribir sobre el pasado, quiere darle significado al presente.

David es alto y flaco. Al contrario de Sara, David es pausado y reflexivo. Sufre desde niño de melancolías cíclicas que tanto los chicos como Sara supieron siempre aceptar sin cuestionar, aunque no entendieran cómo podía alguien ponerse tan oscuro y silencioso de pronto sin causa alguna. Lo más paradójico es que, con el accidente de Jacobo, estas mareas de tristeza fueron menguando. El dolor de la familia es más grande que todo.

En cuanto a su obra artística, antes de ser pintor, David estudió tres años de Medicina en la Universidad de Antioquía en Medellín, pero se retiró pues sentía una pasión profunda por la pintura, por lo cual se pasó a la Escuela de Bellas Artes, contra la opinión de todo el mundo, pues ni hábil ni talentoso para las artes parecía. Sin embargo, aquellos años no fueron en vano: los conocimientos en medicina fueron muy útiles para su trabajo y tomaron forma en muchas de sus obras, la mayoría centradas en abordar la temática del paso del tiempo, la frontera entre la vida y la muerte: «Me gusta cómo lo que el hombre abandona se deteriora y empieza a ser otra vez inhumano y bello. Me gusta esa frontera. Esa especie de manglar» (González 2011, 19). Hasta que ocurre el accidente de Jacobo, David está muy pendiente de lo que se opina sobre su obra, pero posteriormente la fama deja de importarle y sigue pintando tanto por gusto como para cubrir los gastos médicos de Jacobo. Aun así, su obra alcanza una gran fama, tanta que en La Mesa críticos y periodistas quieren ir a visitarlo para hacerle una entrevista. A David le da lo mismo, prefiere dedicarse a estar tranquilo en su casa, a escribir y, por la tarde, poco antes del anochecer, a sentarse en el corredor para ver a los murciélagos volar entre los árboles frutales.

SARA

Sara es la esposa de David y en el momento en el que el protagonista narra lo sucedido con Jacobo ella tiene cincuenta y nueve años. En cuanto a su personalidad, David la define como una mujer de alma fuerte, de carácter autónomo y con un modo de ser estable. Dice David que su fortaleza no depende de que la admiren o de que la aplaudan. Físicamente, Sara es una mujer hermosa, a pesar de su edad. Su piel tiene un tono canela oscuro, su pelo y ojos son negros, su cuerpo es firme y esbelto. David disfruta al verla bañarse. A pesar de que llevan casi cincuenta años de casados, a David le parece que Sara es la mujer más atractiva de todas.

Tal vez uno de los episodios que logra condensar qué tipo de persona es Sara es aquel en el que se cuenta la forma en la que obtuvo su trabajo. Cuando llegaron a Nueva York, el inglés de la pareja era básico, pues en Miami casi no se usaba. Sin importarle eso, Sara fue a una entrevista y se convirtió en la consejera de una compañía médica contratada por la alcaldía de la ciudad para atender a mujeres con riesgo de contraer VIH. La jefa le dijo que se había ganado su trabajo por su sonrisa fácil, por el hecho de que muchas mujeres fueran hispanas y, sobre todo, por haber tenido los «cojones» de haberse presentado a una entrevista en inglés sin saber bien el idioma.

Posteriormente, Sara vuelve a Colombia con David y cuando viven juntos en La Mesa, ella se encarga de cuidar de los árboles y del jardín exterior. Dos años antes de que David comenzara a escribir los episodios narrados en *La luz difícil*,

Sara muere de una enfermedad cardíaca. David siente su ausencia cada día y en todas las cosas.

JACOBO

Jacobo es el primogénito de David y Sara. Antes del accidente de tránsito en el que queda parapléjico, el muchacho tiene planes de estudiar Medicina en NYU, pero después del trágico acontecimiento su vida cambia radicalmente, no solo porque no puede volver a caminar, sino porque sufre de dolores neuropáticos, también conocidos como «dolores fantasma». Esto quiere decir que, a pesar de haber perdido la sensibilidad en sus piernas y parte de su tronco, Jacobo siente como si le estuvieran metiendo los pies en una prensa y como si le dieran puñetazos en el estómago, sin descanso, y no hay nada que mejore esta situación. Cada día es más insoportable. El muchacho gime y tiembla del dolor, y a veces no puede dormir. La familia lo ha intentado todo, pero ni la medicina tradicional ni la alternativa parecen funcionar. Los masajes apenas hacen más tolerable su condición.

Debido a que la calidad de vida de Jacobo se ha deteriorado tanto y que el pronóstico es que empeore, Jacobo decide viajar a Portland para recibir la eutanasia. La familia acepta su decisión y su hermano lo acompaña en este viaje.

Entre los rasgos que más caracterizan a Jacobo está el hecho de que siempre tuvo muchos amigos, y que eso no cambió después del accidente; al contrario, hizo más amigos. David nos cuenta cómo, gracias a los grupos de apoyo —que a pesar de los prejuicios de sus padres, demostraron ser útiles—, todo tipo de compañeros de infortunio, en silla de ruedas, lo

visitaban en el apartamento. De hecho, Jacobo se convierte
en el héroe de uno de ellos: Michael O'Neal, diez años menor
que él y que ve en la decisión de Jacobo una alternativa para
él también de terminar con su sufrimiento.

PABLO

Pablo es el hermano mediano y, en el momento del accidente, toma la decisión de cuidar a Jacobo. Al contrario que
Arturo, Pablo es más serio y responsable y es poco lo que ha
viajado por el mundo. Su mayor interés es estar con Jacobo y
ayudarlo en todo; por ejemplo, compra una camioneta para
ayudarlo a transportarse. De hecho, Pablo rechaza una beca
en la Universidad de Massachusetts porque, para él, sepa-
rarse de su hermano no es una opción, y acaba estudiando
cine y fotografía en una universidad muy buena, pero de
menor prestigio, en Nueva York. Juntos, los hermanos viajan
a Portland para poner fin a la vida de Jacobo.

Pablo es musculoso, debido a los ejercicios que realiza con
su hermano. No le interesa volverse corpulento por vanidad,
sino para no maltratar tanto a Jacobo cuando lo carga de la
ducha al cuarto o cuando lo acomoda en la silla de ruedas.
Tal vez la característica física más memorable de Pablo son
sus brazos y hombros, ilustrados con tatuajes de escara-
bajos y hermosísimas orquídeas. David lo define como un
muchacho suave como el agua y estable como una roca.

ARTURO

En el momento en que Jacobo decide morir, Arturo, el menor

de los hermanos, tiene veinticuatro años y es estudiante de Arte. Físicamente, Arturo es el que más se parece a David: es alto y flaco, aunque tienen personalidades distintas. Al contrario que su padre, Arturo ha tenido varias novias y le gusta hacer bromas, incluso en los peores momentos, lo que hace la espera de la familia un poco más soportable.

Arturo parece detenido en la adolescencia. Después de terminar bachillerato se tomó primero un año libre y se fue a Machu Picchu y a Tailandia, y luego se tomó otro año libre para viajar con un grupo de rock por Estados Unidos, pues le gusta tocar la guitarra. De hecho, en la época de la muerte de Jacobo, Arturo trabaja en el famoso bar CBYB's. Junto con su novia Ámbar se pasa el tiempo jugando a elaborados juegos de manos.

VENUS

En el 2000 Venus era la novia de Jacobo. Ella es fisiotera-peuta, y por eso se habían conocido. Venus es de Santo Domingo, pero ha vivido desde niña en Nueva York. Es morena, de bonito cuerpo, pelo negro y ensortijado y ojos muy grandes, negros y ligeramente almendrados.

Los masajes que Venus le hacía a Jacobo, antes de ser aman-tes, fueron, por un tiempo, lo único que le trajo paz al mu-chacho, que gracias a ellos podía estar tranquilo al menos ocho horas seguidas. Venus le enseñó a Pablo cómo debía hacer los masajes para que pudieran viajar en coche, sin problemas, de Nueva York a Chicago. A pesar de la muerte de Jacobo, Venus se mantiene en contacto con la familia y David la considera su hija. La chica viaja cada año con Arturo y Pablo para visitar a David y pasar unos días con él. Al viejo pintor el aspecto físico de Venus le recuerda a Sara cuando era joven y los hijos de la chica, que tienen diez años y son mellizos, le hacen sentir alegría en el corazón.

ÁNGELA

Ángela es la mujer de cuarenta y cinco años que arregla la casa de David y que le prepara la comida en La Mesa. A pesar de que al inicio de la novela David se refiere a ella como la «señora que nos ayuda en la casa», a medida que transcurre la narración vemos cómo entre David y Ángela hay una profunda amistad. Ángela conocía a Sara, y cuando ella muere decide hacerse cargo de David, más allá de sus labores domésticas. Cuando David se siente cansado de los ojos Ángela le pone compresas húmedas; también, le recuerda que debe comer para no estar tan flaco, y lo acompaña a Bogotá a sus citas médicas. Ángela ve en David un consejero para resolver sus problemas personales y David ve en ella una especie de mano derecha: Ángela lo ayuda a organizar los manuscritos por número de página y a veces hasta lo ayuda a escribir, porque a él le cuesta cada vez más, aunque cuente con la ayuda de su lupa. Que ella le ayude a escribir divierte y conmueve mucho a David, pues Ángela tiene mala ortografía. Para él la belleza radica en esos actos simples, como los de Ángela.

CONSIDERACIONES FORMALES

ESTILO Y ESTRUCTURA

Estilo

La luz difícil es una novela corta e intensa. Desde el inicio el lector sabe qué es lo que va a pasar: Jacobo quiere morir y ya está en camino a ello. A su narrador no le interesa contar lo que sucederá; más bien quiere internarnos en la selva de sus sentimientos y reflexiones y, tal vez porque es pintor, se nos da cuenta de esto en forma de imágenes. Cada capítulo parece, en cierta forma, un pequeño cuadro, y en ese sentido la novela nos permite conocer las posibilidades narrativas que otorga la relación entre arte y literatura. Mediante un lenguaje sencillo, pero elocuente, en ocasiones somos testigo de cómo el narrador mezcla arte con palabras y cómo lo narrado adquiere tridimensionalidad gracias a un lenguaje poético y plástico.

En *La luz difícil* cobran gran relevancia la intertextualidad con otras obras de arte, los saltos en el tiempo y las metáforas a la hora de dar cuenta del dolor y de la experiencia artística de un pintor que quiere, de alguna manera, atrapar lo que significó perder a su hijo y a su esposa, y que debido a una enfermedad, se encuentra *ad portas* de experimentar una nueva dimensión de vejez. Estos recursos se usan para ir aún más lejos, para dar cuenta de lo maravillosa que es la vida, a pesar del horror que por momentos conlleva.

Estructura

La luz difícil está compuesta por treinta y tres capítulos cortos, cada uno de los cuales no excede las cinco páginas. Los niveles narrativos son varios, pues la novela contiene tres líneas de tiempo que se cruzan entre capítulos y que el narrador, que al fin y al cabo es pintor, logra que se anclen en la mente del lector mediante la plasticidad de su escritura: la videoconsola Nintendo de sus hijos al pie del caballete cuando acaban de llegar a Nueva York, los brazos musculosos y tatuados con orquídeas de Pablo cuando Jacobo está enfermo y el cuidado que Sara tiene de los jardines que alguna vez brillaron por su belleza y exuberancia. En términos de tiempo estaríamos hablando de los años 1990, 2000 y 2018, respectivamente.

Al iniciar la lectura de *La luz difícil* nos llevamos varias sorpresas. Como mencionamos antes, el punto fuerte de la novela no es la tensión narrativa, es la forma como el narrador logra dilatar los hechos que se nos revelan desde la primera página: la intención de Jacobo al viajar a Portland con su hermano. Pensamos entonces que la novela se centrará en la cuenta regresiva hasta que llega la cita de Jacobo con el médico para recibir la eutanasia, pero no. Nos movemos a 1986 cuando la familia llegó a Nueva York y luego damos un salto de treinta y dos años, al presente, que aún hoy no ha llegado: el año 2018, cuando David, ya anciano, hace el ejercicio de materializar la muerte de su hijo mediante la escritura, pues una enfermedad degenerativa le impide pintar. El dolor, para ese momento, ha tomado un nuevo significado.

TEMÁTICAS Y CLAVES DE LECTURA

DOLOR Y REDENCIÓN

El dolor en la novela cobra dos dimensiones, una física y una emocional. La primera se centra en el personaje de Jacobo, que sufre cada vez con más frecuencia y con más intensidad de dolores fantasma. Se trata de un dolor físico, de una manifestación concreta pero a la vez difícil de entender: ¿cómo una persona que ha perdido la sensibilidad desde el ombligo hasta la punta de los dedos del pie puede sentir dolor en esa zona? Además, este dolor tiene su propia naturaleza y es una sensación que requiere un entendimiento particular y que, como dice el mismo David, a veces alcanza los límites mismos del lenguaje.

Los muchachos, Jacobo y Michael O'Neal, suelen usar metáforas y analogías para dar cuenta del sufrimiento que sienten. Michael dice que se siente como si le serrucharan despacio la pelvis, como si sus piernas estuvieran congeladas y al mismo tiempo envueltas en tizones encendidos. Jacobo dice que es como si le metieran los dedos de los pies en una prensa o como si le dieran un puñetazo perpetuo en el estómago.

Por su parte, el dolor de David es más bien de tipo emocional. Es curioso que, mientras Jacobo y Michael tratan de buscar metáforas para describir el dolor que tiene una fuente física, David busca imágenes y partes concretas del cuerpo para describir el suyo. Su dolor no solo tiene que ver con la muerte de su hijo, sino con la ansiedad que le genera que la espera se alargue, porque el médico pospone el procedimiento dos veces. Durante esos momentos, David toma de forma recurrente los ansiolíticos que le habían recetado para prevenir los ataques de pánico y de claustrofobia que sentía cada vez más cerca: «Recordé asombrado lo que iba a pasarnos, lo que estaba pasándonos, y fue como desgajarme por dentro, fue como recordar de repente que llevaba mucho, mucho tiempo desgajándome por dentro... La vida era un sueño horrible» (González 2011, 65).

Respecto al tema del dolor, es interesante que en ambos casos este está de alguna manera ligado a la vida o al hecho de estar vivo. Jacobo siente dolor porque sobrevivió al accidente de coche, y busca en la muerte un descanso a su sufrimiento. Cuando Sara muere, David piensa en la posibilidad de tirarse de uno de los hermosos precipicios neblinosos que hay por La Mesa. La posibilidad de morir también constituye para él un consuelo. Sin embargo, decide continuar con su vida.

Volviendo a ese viernes del año 2000 en el que muere su hijo, en ese preciso momento, el dolor que siente David es muy intenso y va aumentando con el paso de las horas. Lo compara con llamas azules, amarillas, rojas y verdes que suben por su cuerpo y que lamen su médula, bulbo raquídeo, cerebelo y cerebro. Pero la forma en que el David del 2018 habla de ese momento es diferente: compara ese dolor con una fruta que se va secando y dice que es poco frecuente que el recuerdo de lo sucedido lo agite como hace dieciocho años, aunque a veces la congoja amenaza con dominarlo. Sin embargo, lo que sucede normalmente es que al pensar en su hijo David siente una sensación cálida. Tal vez por eso al narrador le toma tanto tiempo materializar lo sucedido. A sus setenta y ocho años alcanza un grado de lucidez que tal vez a los sesenta, justo en momento del impacto por la muerte de Jacobo, no hubiera logrado entrever.

David dice que, a pesar de todo, ha conocido y su familia conoció lo que es la alegría o incluso lo que es la felicidad, pues «la armonía del mundo no se emborrona o ensucia ni siquiera en los momentos de peor horror» (González 2011, 76). En su última visita al médico, cuando el destino de quedarse ciego es ya inexorable, David dice que muchas cosas verán siempre la luz en su corazón y en ese sentido podemos decir que el anciano ha alcanzado la redención. Poco después, mientras come mazorca asada en el Parque Nacional en Bogotá, mil imágenes pasan por su cabeza en un instante: ese parque; el Central Park; el mar de Coney Island; la luz del Medellín de su infancia; los bancos de peces verdes del East river; el mar de El Farito en Miami; la sonrisa de Sara; la sonrisa de Venus y la de los hijos de Venus; los ojos brillantes e inteligentísimos de Jacobo; los hermosos tatuajes de Pablo; los dedos alargados de Arturo, tan parecidos a los de su padre. David siente que su vida ha sido buena, que logró conocer el otro lado del dolor y que con los pigmentos y aceites de sus pinturas, con sus grabados y con el manuscrito sintió a veces que tocaba el infinito, un plano del que no pueden dar cuenta las palabras. En ese momento nos dice que no sabe si vivirá mucho más tiempo, pero que está seguro de que lo hará así mismo sin muchas palabras, solo con la luz grande, que no tiene límites ni formas. Que así conocerá otros ámbitos, otras regiones de su existencia.

ARTE

En una entrevista, González dice que la literatura y la poesía son una manera de explorar el mundo, de admirarlo, de vivirlo y de soportarlo, todo al mismo tiempo:

> «El hecho de escribir te ayuda a entender el mundo y a no dejarte barrer por él, porque la vida es muy dolorosa y te puede aniquilar muy fácil y la manera como tenemos los seres humanos de evitar eso es comprendiéndola y una manera de hacerlo es recreándola, es lo que hace la gente que pinta, la gente que escribe» (Literatura & Periodismo 2011).

Justamente eso es lo que hace David, el protagonista de la novela, que está terminando de pintar un cuadro en el momento en que su hijo decide viajar a Portland para morir, y lo primero que hace es contarnos qué temática seleccionó, cómo va su proceso de creación y las dificultades que se le están presentando.

Este cuadro no es un cuadro cualquiera, tal vez es el más importante de todos, pues durante su proceso creativo David siente que trabaja en él como si la vida entera de su familia dependiera de ello. De alguna manera, el agua y la espuma anuncian los temas que atraviesan la novela: la relación entre la vida y la muerte, dos conceptos opuestos, pero inseparables. La espuma es caótica, bella, incomprensible, se mueve y en ese sentido se parece a la vida, pero también se parece al dolor que causa la prolongada enfermedad de Jacobo: es turbulenta, su movimiento constante se parece a las molestias de Jacobo y que no lo dejan descansar. Como habíamos mencionado antes, el dolor es inherente a la vida. Mientras haya vida podremos sentir dolor. El agua, por su parte, su profundidad, hace referencia a la muerte, y coincidentemente esta es la parte del cuadro que David aún no logra hacer bien, pues él mismo no quiere hacerse a la idea de la muerte de Jacobo. Si bien nunca se lo dice, David realmente espera que su hijo cambie de opinión y vuelva a casa, aunque eso signifique una vida de sufrimiento.

Otra forma en la que el arte intercede para ayudar a David a expresarse es mediante las referencias que él hace al universo pictórico. Las constantes alusiones a las llamas de colores, las cuales son una metáfora del dolor y que torturan a David, cobran sentido cuando el narrador habla de *El grito*, la pintura de Munch, pues él también siente que está gritando en silencio. Ya no puede contenerse más, por eso toma varias veces ansiolíticos durante las peores horas. Esas pinceladas rojas, naranjas, amarillas, verdes y azules del cuadro de Munch, difusas, pero contundentes, representan las llamas que queman y hieren a David, ante la impotencia de no poder cambiar el destino de su hijo Jacobo. Otras obras que se relacionan con esa sensación de terror y temor que menciona David son *El jardín de las delicias* del Bosco y la catedral de la Sagrada Familia de Gaudí. Sin embargo, la intertextualidad pictórica en la obra cumple también un segundo papel: mostrar cómo David ha cambiado de parecer con el paso del tiempo. Ya en La Mesa, David entiende que el dolor y la desgracia no son exclusivos de la gente común sino que también los sufren otros grandes como El Bosco o Goya, quienes se inspiraron en la melancolía, la tristeza o el temor para ser realmente grandes, para atrapar el (sin) sentido de la vida y la belleza inherente a esta, a pesar del horror.

Volviendo al cuadro, al decidir finalizarlo, aun cuando se acerca la hora de la muerte de su hijo, de alguna manera vemos cómo David asume una postura estética frente al dolor que le causa la muerte, pero también vemos cómo existe una correlación entre el mundo de esta obra que no existe y la configuración y desarrollo de la trama de la novela. A medida que se acerca el momento, paradójicamente, David va alcanzando su objetivo. De hecho, en su última conversación, Jacobo le pregunta cómo va con el cuadro y él le responde que aún no lo ha logrado acabar, pero que siente que su culminación está cerca. David trabaja un poco en la obra durante la madrugada, le da seis o siete toques y en cinco minutos esta cambia. Dice que la lucha no es con el pincel, sino con la mirada, pues todo es cuestión de perspectiva y esta afirmación puede extrapolarse a la vida, que también es un asunto de perspectiva. Ese retoque, esas pinceladas, hacen que se enfrente a la muerte inminente de su hijo. Así como en la pintura, David también está a punto de conseguir ese efecto de profundidad que quiere darle a la obra: la sensación del abismo de la muerte. «Ya estaba muy cerca del abismo. El problema, me parecía, no estaba en el lado luminoso de la luz; me esquivaba su otro lado» (González 2011, 104). Décadas después, David entendería que la muerte es parte de la vida, y por eso los últimos retoques se los da a la espuma y no al agua. Decide, también, no quedarse con el cuadro.

ACEPCIONES DE LA LUZ

La luz en la novela cumple dos propósitos, uno estético y otro espiritual. Sobre el primero, con su obra David es consciente de lo infinito que es el mundo y, de hecho, con sus pinturas siente que logró explorar los límites de este e, incluso, de alguna manera, atraparlo. Así pues, pinturas como la que hace de un ferry son un camino para la reflexión sobre los límites del mundo y las fuerzas contrarias y complementarias que se mueven en él: la vida y la muerte. La cruzada de David en esta obra es justamente atrapar esa luz y durante este proceso nos dice: «no lograba yo encontrar la manera de plasmarla completa, es decir, la luz que contiene a las tinieblas, a la muerte, y también es contenida por ellas» (González 2011, 61). Esta lucha es, a su vez, la lucha simbólica que libra contra la muerte de su hijo, por eso siente que la vida de su familia depende de terminar este cuadro . Encontrar esa luz es hallar el intersticio entre los dos opuestos de la vida y la muerte, y el punto donde estos se encuentran y el uno se convierte en el otro, aunque así solos ya sean un todo.

Si bien el agua y la espuma son una sola y misma cosa, al entrar en contacto con la luz adquieren vida, y esta es la motivación estética que sustenta la obra de David. Es lo que ha perseguido toda su vida: sus trabajos y sus obras muestran esa exploración y esta fue la razón por la cual, por ejemplo, se fue a vivir a Miami.

Pero la luz para David, con el paso del tiempo, no es solo la radiación electromagnética que puede percibir el ojo humano; es el universo entero, la luz de los sonidos, la luz de la memoria, la luz sin formas. La luz, en parte de la vejez de David, toma forma de palabras y la batalla del pintor continúa cuando decide escribir sus memorias, aunque su medio natural sean las formas y quiera volver a ellas. Pero las palabras también se quedan cortas para dar cuenta de esta experiencia de narrar lo que es el dolor, la muerte y la vida, y es aquí cuando la luz adquiere su propósito espiritual en la novela. Esta suerte de iluminación que alcanza David ya en su vejez es la consecuencia de comprender que los lindes entre luz y oscuridad, entre vida y muerte, entre alegría y tristeza, son muy delgados. La vida súbitamente ya no es tan complicada, todo se vuelve más ligero y ya no importa si la vida no es maravillosa sino «marabillosa», como escribe Ángela al terminar el manuscrito.

PISTAS PARA LA REFLEXIÓN

ALGUNAS PREGUNTAS PARA PROFUNDIZAR EN SU REFLEXIÓN...

- ¿Cómo habría cambiado la narración de la muerte de Jacobo si David la hubiera escrito en el año 2000 y no en el 2018?
- ¿Qué papel juega el arte en la novela?
- En los momentos previos a la muerte de Jacobo, David se identifica con la obra *El grito*, de Edvard Munch, el pintor noruego cuya obra se convirtió en una de las más representativas del Expresionismo. ¿Existe una obra con la cual usted se identifique? Justifique su respuesta.
- ¿Cuál es el papel de la escritura en la obra?
- ¿Qué significa para usted «atrapar la luz difícil»? Justifique su respuesta.
- ¿Cuál es el papel de la vida y de la muerte en la novela?
- ¿Está de acuerdo con que *La luz difícil* puede ser equiparada a una peregrinación por el infierno y posteriormente con un momento de redención? Justifique su respuesta mediante ejemplos.
- ¿Hasta qué punto *La luz difícil* es un canto a la vida? Justifique su respuesta mediante ejemplos.
- ¿Hasta qué punto, y según lo que leyó en la biografía de Tomás González y en el estudio del personaje de David, se puede decir que el pintor es el alter ego del escritor?

¡Su opinión nos interesa!
¡Deje un comentario en la página web de su librería en línea,
y comparta sus favoritos en las redes sociales!

PARA IR MÁS ALLÁ

EDICIÓN DE REFERENCIA

- González, Tomás. 2011. *La luz difícil*. Bogotá: Alfaguara.

ESTUDIOS DE REFERENCIA

- Literatura & Periodismo. 2011. "Entrevista a Tomás González". *Literatura & Periodismo*. Consultado el 29 de diciembre de 2016. http://magialiteraria.blogspot.com.co/2011/11/entrevista-tomas-gonzalez.html
- Ortiz, María Paulina. 2014. "Tomás González, un tímido bañado en palabras". *El Tiempo*. 18 de junio. Consultado el 29 de diciembre de 2016. http://www.eltiempo.com/bocas/el-escritor-tomas-gonzalez-en-entrevista-con-revista-bocas/14139527
- Zuluaga Ríos, Nicolás. 2015. "¡Marabilloso! El vitalismo de Tomás González *en La luz difícil*". Trabajo de Maestría, Pontificia Universidad Javeriana de Colombia. Consultado el 31 de diciembre de 2016. https://repository.javeriana.edu.co/bitstream/handle/10554/17058/ZuluagaRiosNicolas2015.pdf?sequence=1&isAllowed=y

LECTURA RECOMENDADA

- Cano Gallego, Wilson Andrés. 2014. "La Novela de Artista en La luz difícil de Tomás González: El Arte Como Evasión de La Realidad". *Íkala, Revista de Lenguaje y Cultura*, vol. 19, n.° 2, 137-148. Consultado el 22 de enero de 2017. http://aprendeenlinea.udea.edu.co/revistas/

<u>index.php/ikala/article/view/16753</u>